노지소주

노지소주
시와실천 서정시선 033

초판 1쇄 발행 | 2020년 6월 20일

지 은 이 | 양창식
펴 낸 이 | 장한라
엮 은 이 | 이어산
펴 낸 곳 | 시와 실천
등록번호 | 제2018-000042호
등록일자 | 2018년 11월 27일
편 집 실 | 서울시 종로구 율곡로 6길 36 (계간 시와편견)
디자인실장 | 이은솔
전   화 | 02) 766-4580, 010-3945-2245
제   주 | 63248 제주특별자치도 제주시 인다11길 28, 1층
전   화 | 064) 752-8727, 010-4549-8727
전자우편 | 11poem88@hanmail.net
인   쇄 | (주)보진재(파주출판단지 내)

ISBN 979-11-90137-36-2 03810

값 10,000원

* 이 시집은 2020년 제주문화예술재단 창작지원금으로 발행했습니다.
* 이 책은 전부 또는 일부 내용을 재사용하려면 저작권자와 '시와 실천'의 동의를 받아야 합니다.
* 이 도서의 국립중앙도서관 출판시도서목록(CIP)은 서지정보유통지원시스템 홈페이지(http://seoji.nl.go.kr)와 국가자료공동목록시스템(http://www.nl.go.kr/kolisnet)에서 이용하실 수 있습니다. (CIP제어번호 : CIP2020023843)

노지소주

양창식 시집

■ 시인의 말

- 요즘 어떻게 살고 있어?
- 그저 순리대로 살고 있지.

친구는 묻고 나는 대답한다.
친구는 더 묻지 않고 나는 더 대답 안하니 좋다.

순리대로 살 나이가 되었다.
한창 때는 거부했을 순리라는 단어가
익숙하고 편리해졌다

시를 쓰는데도 다르지 않다.
마당에 풀이 돋으면 뽑고 또 나면 또 뽑는다.

어여삐 보는 것이다.
풀들도 순리대로 살고 있거늘.

2020년 초여름, 연미마을에서 양창식

■ 차 례

1부 두 개의 문

울적한 이에게 – 19
우리도 꽃처럼 – 20
제주하늘 – 22
밥 한 번 먹자 – 23
코로나 펜데믹 – 24
In 서울 – 26
호수공원, 폴리트비체 – 27
소금강 꾹저구탕 – 28
흔적 – 29
난 자리를 보면서 – 30
드브로브니크 성벽에서 – 31
돌 하르방 1 – 32
돌 하르방 2 – 34
나의 플라멩코 – 36
침묵이 길어질 때 – 38
두 개의 문 – 40

2부 흔적

시처럼 - 45
삼다수 내력 - 46
나무 마을 - 47
힘들게 하는 것들 - 48
살며 깨닫는 순간 - 50
해후, 시공을 초월한 - 51
아내의 빨래 - 52
사랑은 앞서지 않는다 - 53
아름다운 처방전 - 54
그 사랑 밖에서 - 55
나팔꽃 사랑 - 56
아무르 - 58
눈물의 무게 - 60
침묵의 숲 - 62
갑질 - 64
고독한 성자 - 66
옆집 여자와 화분이야기 - 68

3부 담지 못한 소리들

보이지 않는 마을 – 71
담지 못한 소리들 – 72
딴청 말아요 – 74
붉은 시간 – 76
작은 나무, 구름 위를 걷다 – 78
한라산아 한라산아 – 80
섬 것들 – 82
섬 나무는 나이테가 없다 – 84
횡단 보도 – 86
수덕사 대웅전 – 88
비양도 그 해녀 – 89
그 여름날 천지연 – 90
그래 봄, 중산간 – 92
섬은 그늘지지 않는다 – 94
백비는 이름을 원한다 – 96
유언, 어머니 – 98
터진 목 아이 –100
분노의 순서 – 102
하늘공원 화장실 – 104

4부 어떤 추억은 꽃으로 핀다

벚꽃, 거리두기 – 107
봄날, 민오름 – 108
유채꽃 홀로 피지 않고 – 109
봄동 – 110
황산벌의 봄 – 111
그때 그대처럼 – 112
환절기 – 114
단풍 아래서 – 116
천왕봉에서 – 117
노지 소주 – 118
오월, 기억하는 – 120
어떤 추억은 꽃으로 핀다 – 121
베롱꽃 이모 – 122
주먹인사 – 124
눈 온 아침 – 125
가을 한라산, 북쪽 하늘을 보며 – 126
아침 마당 – 128
기우 – 129
겨울 한라산, 철쭉을 기다리며 – 130

■ **해설** | 박현솔(시인, 문학박사) – 133

1부

두 개의 문

울적한 이에게

꽃 핀다고 다 열매 맺나요
꽃으로도 전설이 되어요

성공이 열매인가요
실패도 전설로 남아요

반듯한 돌로만 담이 되나요
깨진 돌도 전설을 쌓아요

꽃피는 화려함이
꽃 지우는 완성보다
아픔이 덜 한가요

사방을 둘러보세요
보는 이 없어도 살랑대는
의연한 풀들을

우리도 꽃처럼

다시 지난한 길을 걷고 있다
세계사에서나 흘려들었던
학습효과마저 지난
두려운 역병과의 대란을

남의 집 불구경하다가
제집 타들어가는 줄 몰랐다
불 끌 물이 바닥 나
허둥대는 국가들
뒤늦게 방호벽을 치고 있지만

세계화는
인간에게만 있는 것이 아니다
동물도 어류도 식물도
경계 없이 넘다들더니
바이러스까지

전쟁은
인간 대 인간만이 하는 것이 아니다

바이러스에 조종당하는 인간이
폭탄 되는 현실이란

철따라 꽃들은 피고 있다
지구가 무너지지 않는 한
다시 피는 꽃

우리도 꽃처럼 다시 필 것이다
인간사는 되풀이 된다는 진리를
잠시 잊었을 뿐

제주하늘

제주하늘은
언제 봐도 물광피부

죽장 부는 바닷바람에도
촉촉하다

때가 낄만하면
백록담에 들어앉아

뽀드득 소리가 나도록
씻는다

밥 한번 먹자

우리나라 사람들은
밥 한번 먹자라는 말이 곧 인사다
밥 한번 먹자라고 해놓고
해를 넘겨도 죄가 되지 않는다

다시 만나면
얼굴색 하나 변하지 않고
또 밥 사겠다고 한다
그 인사 한지가 언젠데

밥 한번 먹자
정겨운 인사지만
빈말도 쌓이면
밥값 못하는 사람이 된다

누가 밥을 사든
밥 사는 인심
참 푸근한 정경이다
밥 한번 먹자

코로나 팬데믹

보이지 않는 것들이
보이는 것들보다 더 무섭다는 것을
한 번도 경험해보지 못한
작은 바이러스가 우리를 가두고 내치고
거리두기에 전전긍긍하고 있다는 사실을

이웃끼리도
마스크 하나 공유하지 못하고
꾸역꾸역 줄서서 기다리다가
털썩 주저앉는 할머니의 모습에서
공권력마저 허망하다는 사실을

인간에게 가장 무서운 것은
전쟁만이 아니었다는 것을
전쟁터에서는 우방이라도 있었지만
바이러스 앞에서는 우방도 동맹도
문 닫아 건다는 사실

이번에야 알았다

불평불만이 가득한 우리가
번듯한 선진 국민이었다는 것을
무차별적인 공포 앞에서
마음을 모을 줄 아는 참시민이었다는 사실을

ln 서울

얼마나 높길래 서울 가는 것을
올라간다고 할까
다른 지역은 다 내려간다고 하는데
서울만은 올라간다고 하니

내려가는 것보다
올라가는 것이 쉬운 사람들
4대문 성벽을 허물고
새로운 금을 그었다

평등을 좋아하는 국민들이 허용한
불평등한 특별시

사면이 높고 풍광이 수려한
조선의 오백년 도읍지를
영국처럼
일본처럼
군주는 없어도
나라의 중심은 있어야 할 것이라서

호수공원, 폴리트비체

이 순간 내 눈이 멀었으면
두 눈으로 폴리트비체를 감상하기에는
나의 오감이 인내하지 못한다

숨 막히도록 비밀스런 폴리트비체의 속살
내 모든 영혼과 감각을 동원하여
차근차근 더듬을 수 있도록

천상의 색조를 풀어놓은 청록색 호수
도도히 서있는 너도밤나무 숲
줄지은 관광객들은 폴리트비체의 비경을
고스란히 눈에 담고 가는데

숲속 경치에 정신 잃고 분별을 못하는 나
오늘 하루 너를 체득하는데
모든 감각을 소진할 수 있도록
내 눈을 잠시 멀게 해다오

* 크로아티아 최초의 국립공원, 공원 전체가 유네스코 세계문화유산으로 지정되어 있으며 곳곳에 16개의 청록색 호수가 크고 작은 폭포로 연결되어 있다.

소금강 꾹저구탕

가던 길 멈춰선 강물
쉬어갈 수 없는 길은 싫다고 한다
허기진 강물 속
모래톱에서 놀던 꾹저구가
그물에 채여 올라왔다

연곡지역을 순시한 관찰사 정철
주민들은 민물고기를 끓여 올렸다
시원하고 담백한 맛이라며 이름을 묻는데
저구새가 꾹 집어먹은 고기라고 한다
한 그릇 비우고 난 정철의 한마디
앞으로는 꾹저구라고 하면 되겠네

꾹저구가 된 물고기
죽을 때 죽더라도
번듯한 밥상위에 오르고 싶은데
저구새의 한입거리 횡사보다는
품격 지키며 누군가에게 공양하는 게 낫지

소금강 꾹저구탕집
오늘도 누군가는 공양을 받고

흔적

침하하는 빙하는
조각나는 것을 두려워한다
오래된 기억은 누구나 낯설어 하기에

짱짱하던 빙벽에 틈이 생겼다
수천 년 동안 얼어붙은 기억
바위인줄 알고 살았는데

떠다니는 빙산들
오래 살아남지 못할 것이다
굳어 있던 몸이
다시 물로 돌아가는 윤회의 길

물로 돌아가면 흔적은 남을까
바닷물에 섞여 물거품이 되었다가
고래 입으로 들어가 양치물이 되었다가
고깃배 간판을 씻어내리는 한바가지 물이 되었다가

침하하는 빙하는
조각나는 것을 두려워한다
낯선 여로 어디쯤에
물로 돌아가 있을 모습을 상상하면서

난 자리를 보면서

꽃보다 단풍이 좋아졌다던 어머니
마당 가득한 화분을 두고
봄꽃 따라가셨다
올 단풍은 다음 주가 절정이라는데

어느 그릇이든 꽃을 심으면
화분이 되었다
헌 주전자와 이 빠진 밥그릇도
어머니가 손대면 화분이 되었다

텃밭에서 무릎 다치고
동네 노인회에서 가는 단풍구경
혼자만 못 가게 되었다고
내내 아쉬워하시던 어머니

또 다쳤냐고 볼멘소리를 했더니
어린애처럼 말을 멈추셨다
미안한 마음에
내년 봄엔 꽃구경 같이 가요
아니다 이젠 나도 죽을 때가 됐는가
꽃보다 단풍이 더 좋구나

드브로브니크 성벽에서

한 몸이었구나 자연과 건축은
드브로브니크 성벽 망루에서 내려와
쪽빛 바다와 자주색 지붕을 보며
닳고 닳은 플라차거리
투박한 대리석 길을 걷는다

지진과 내전으로 파괴되고
포탄을 맞고도
세상을 압도하는 위용 앞에서
타임머신에 오르는 나

성벽을 따라 걷다가
시간차를 잃는다
성 밖 스르지산 중턱의 현대식 집들과
성안의 오래된 건물들 사이에서

예인지 지금인지 분간이 힘든
동양의 나그네에게
버나드 쇼가 따라오며 귀엣말로 한다
"진정한 천국을 찾고 싶다면 두브로브니크로 오라"

돌하르방 1

묻지 말 일이다
두 번 죽이는 일인 줄 알면서
살아서도 죽어서도
섬 남자는 섬을 벗어나지 못하는데

돌무더기 섬
남자들이 할 일은
돌멩이를 짊어지고 잣성*을 쌓는 일
집 담장을
밭담을 쌓고도
섬 안의 돌은 남아돌고

하르방을 만든다고
정을 대고 쪼기 시작하는
섬 남자
쳐다보던 옆집 남자들이
말리지만 아랑곳하지 않는다

물질 끝내고 돌아온 해녀 마누라

돈 안되는 일 한다며
잔소리 쏟아 부었다
돌을 쪼다 말고 남자는
언제까지 이렇게 살아야만 하는지
치미는 부아를 돌에다 쪼아대는데

* 성벽과 같이 쌓아 두른 돌담. 제주 지방의 방언

돌하르방 2

바람 잘 날 없는 섬
큰바람 불 때마다
믿고 의지할 수 있는 건
돌 뿐

바람 불면 여자들은
돌멩이를 짊어지고
바다로 뛰어들고
바람이 그칠 때까지 숨을 참으며
남자들을 원망한다

생선 냄새에 지린 남자들은
순비기 잎으로 코를 틀어막고
포구 끄트머리에서
바다를 노려보다가

제 구실 못하는 남자들은
여자들이 물에서 나올 때쯤
세상 잘못 태어났노라고 운다

벌 받는 죄인처럼
벙거지 모자를 쓰고
부엉이 눈이 될 때까지

나의 플라멩코

붉은 입을 열었다
간직하고 싶지 않은
지중해의 부켄베리아

쉬임없이 밀려오는
낯익은 욕망의 파도를
음미하는 해변
태양은 언제나 한편이 되고

달아오르는 사페테아도
절제된 몸짓 너머로
치맛자락을 걷어 올리는 해변
폭풍처럼 신내림을 이야기 하는데

유랑길 사랑노래인가
한 맺힌 집시의 절규인가

무디어져가는 나의 춤사위
저들같이 달아오를 수 있다면

종려나무 아래 그 사람 앉히고
붉은 입술로 줄줄이
푸른 기억들을 꺼내놓으련만

침묵이 길어질 때

투명한 눈이 가늘어지는 오후
산 그림자에 고개 숙인
붉은 수수밭
빛 가운데로 걸어 들어가는 침묵

해 기울기에 따라 변하는 순리
지금은 그들이 옳다지만
언젠가는 다시
내가 옳다고 할 것이다
헛짚어본 적이 없는 생각의 발자국
옮길수록 헛디뎌지고

수수밭은 반란을 수긍하지 않는다
여럿이면 옳고
혼자면 그르다는 내밀한 보편
탈출을 꿈꾸지만
무기가 없어
체념해야 하는 들판의 실핏줄
〈

빛으로 연명하는 계절
모로 부는 바람 베어내어
조급해지는 대지의 호흡을 진정시켜야지
배부른 아내의 누런 얼굴이 겉도는데
먼 곳에서 들려오는 북소리

두 개의 문

햇살이 산자락에 걸려 기침을 해요
지중해를 끼고 앉은 노천카페도
레몬주스를 마시던 당신도

옛이야기에 등을 기댄 우리
언제까지 물푸레나무같이
푸르른 기억을 꺼낼 수 있을까요

당신도 현관문만 바라보지 마세요
밀어야 열리는 문이 있고
당겨야 열리는 문이 있잖아요
사실 문이란
앞문이 닫히면 뒷문이 열리는 법이지요

우린 이미 저문 강에 발을 담갔어요
말을 할 땐
자꾸만 어순이 바뀌는데
 손잡고 갈 수 있는 노천카페의 이름이 얼마나 될까요

〈
이카로스의 꿈이라 해도
높이 더 높이 날고 싶어요
그러나 35년 전의 꿈은
유레일패스 이등칸에 실었어요
기차는 발끈해서 기침을 해요

2부

흔적

시처럼

소설처럼 살고 싶은데
단출하게
시처럼 살라고 한다

한번 사는 세상
어떻게 살든 내 인생인 것을
하늘이여
시나 지으며 속절없이 살라니요

텃밭에 나가 열무를 솎다가
나도 모르게 시처럼 살고 있었구나
흙 틈에도
열무 사이에도
숨 쉬고 목축일 시 한 줄 필요하구나

생명 있는 것
생명 없는 것
시의 대상이 아니라 시의 뿌리여서
단출하게
시처럼 살라고 하는데

삼다수 내력

저 호수 물을 어떻게 팔아먹을까
한라산 백록담에 올라
궁리하는 봉이 김선달
소 찾으러 나선
한 쇠태우리랑 마주쳤다

물 팔아먹을 꾀를 주겠으니
내 소를 찾아달라는 쇠태우리
솔깃해진 김선달
사나흘 산속을 헤매던 두 사람
소를 찾은 곳은 교래리 부근

여기를 파면 물이 나올 거우다
쇠태우리가 들고 있던 지팡이를
땅에 꽂으며
아직은 때가 아니난
여기서 후손이나 잘 봅서
소 몰고 사라지는 쇠태우리
제주처자와 연을 맺은 봉이 김선달
교래리에 삼다수 공장이 세워진 건
수백 년이 지난 후였으니

나무마을

아이가 나무를 흔든다
아빠 말처럼 정말 자고 있는지 궁금하다
낮에 자고 밤에 일한다는 나무

낮에는 볕 쬐며 늘어지게 자다가
밤에는 깨어나 기지개를 켜고
근육도 키우고 뱃살도 줄이고

잎 하나하나가 한 가정
풍성한 잎이 모여 한마을
아주 큰 마을이겠다

햇빛 나면
마을만큼 그림자를 드리우고
바람 불면
마을만큼 걱정이 늘어나는

나무를 흔들던 아이
갑자기 멈춘다
뒷감당하기가 어렵겠다
온 마을을 흔들고 있었다니

힘들게 하는 것들

흐르는 세월을 마주하는 것은
사람만이 아니다
한결같은 산자락
꿈쩍 않는 바위
그들도 흐르는 세월 앞에서
돌아서서 한숨을 쉰다

구름 따라
강물 따라
다 같이 유유히 흘렀을 뿐
지구상에 없던 세월을 만든 건
사람들 욕심이겠지

100년도 겨우 살면서
65억년의 태양계 수명을
측정하는 사람들
그것들 다 사라지고 나면
마주할 것 없는 우주에는
세월만 홀로 흐를까

〈
산처럼
바위처럼
그대로 살면 될 것을
세월의 감옥에 갇혀
힘들게 살아가는 사람들

살며 깨닫는 순간

텃밭에 상추와 열무 씨를 뿌렸다
열무 잎이 아이 입술만큼 벙긋해져서야
깨알 같은 잎을 내는 상추
조바심에 애태운 나

흙을 믿었다
한 가닥 여릿한 씨줄에 생명을 맡기는 것들
흙과 물 햇볕이 온기를 지켜주어도
지켜봐주는 누구의 기도쯤은 있어야 했던
간절한 손길

씨앗의 변신은 자유스러운 것
하루에도 몇 번씩 눈으로 재고 또 재는 나
생명으로 여기지 않던 작은 씨앗이
이렇게 형용할 수 없는 깨우침을 주다니
무얼 믿는다는 것이 이런 것이구나
무얼 지켜본다는 것이 이런 것이구니

해후, 시공을 초월한

마당에 장끼가 날아들었다
멀리 날지 못하는 꿩이
주택지에 내려앉는다는 건
예삿일이 아니다

고개를 꾸벅거리며 잔디 위를 헤집던 녀석이
물끄러미 나를 쳐다본다
전생에 인연이 있었을까

산탄총 겨누고 억새밭 누비던 미군
그 뒤를 쫓는 조무래기들
꿩을 향해야 할 총구를 들이대며
갓뎀을 외치는 미군 앞에
탄 피 하나라도 더 주우려는 아이들은
몇 발자국 흩어졌을 뿐

포인터의 킁킁거림이 더 무서웠다
쫓겨 날던 꿩들이 떨어지면
부리나케 물고 오던 그 장면들이
전생의 인연이라면

시공(時空)을 초월한 해후

아내의 빨래

바람 타는 아내
꼬질꼬질한 아내가 펄럭인다
펄럭일 때마다
반짝이는 눈물

태양을 향해
날아오르려는 남자
이카로스의 날개를
꿰매주는 아내

색 바랜 아내가
구름 뒤로 숨는다
익숙한 원망들이
열 지어 널려있는 하늘에

어리석은 남자가
더 높이 날아오르려 한다
아내가 펄럭인다
태양빛은 뜨겁고

사랑은 앞서지 않는다

축구공은 둥글어서
어디로 튈지 모른다
요리저리 몰고 다니다
결정적인 슈팅을 날려보지만
빗나가기 일쑤

어디서 멈출지 모르는
둥글은 사랑
모나지 않는 녀석은
버젓이 나를 벗어나
돌아오지 않을 때도

뿌린 대로 거두는
사랑의 열매
그 열매 엉뚱한 곳에 달려
생의 실타래를 헝클어 놓기도

사랑은 위험한 드리블
발재간으로 사랑을 몰고 가다
골문 앞에서
손흥민의 원더골처럼 터뜨리는

아름다운 처방전

사랑만큼
달콤한 병이 또 있을까
사랑에 빠지면
세상이 나를 위해 존재하는 것 같은
착시의 혼동

사랑만큼
쓰린 병이 또 있을까
사랑에 차이면
세상이 나만 두고 떠날 것 같은
착시의 혼돈

사랑은
혼동과 혼돈이 내재된
아름다운 사고장애의 변주(變奏)

처방전: 치료약도 없고 면역력도 없는 소아병적 사고장애로 평생 자연치유와 자가치료를 권함

그 사랑 밖에서

사랑은 물
한 곳에 다다를 때까지
한 눈 팔지 않고
집중하는 순수의 시간

슬프다고 우는 사람
그 눈물의 순수를 믿어다오
눈물 한 방울 떨어질 때마다
세상은 그만큼씩 부드러워지고

권세를 가진 사람
부를 가진 사람
사랑의 진실을 외면하지 마라

겸허한 사람
가난한 사람
낮은 곳에 있다고 눈물짓지 마라

사랑은 흐른다
물처럼 흐르고 나면
그제야 보이는 아련한 것들
지금껏 나를 인도해준 소중한 것들

나팔꽃 사랑

죽은 자를 위한 d단조 화음으로
사랑을 깨워요
아침을 맞는 방법은
누구나 다르죠

태양이 기어오를 때마다
서두르는 풀잎그림자
꽃잎은 너무 짧아요
풀기 잃은 입술이 타들어가요

당신의 눈길을 타고 오르는 나
손목 힘이 남아 있는 한
당신을 향한 시선을 놓지 않을 거예요
사랑은 이기적이잖아요

턱시도를 받쳐 입고
나를 향해
바람둥이처럼 아리아를 부르며
다가서는 당신

〈
귓불을 간질이며
당신의 등 근육을 타고 오를 거예요
하얗게 말라 없어진다 해도
그날을 증언할 거예요

아무르*

봄눈처럼 왔다간 그 여자
꽃으로 살자고 내 등을 다독거렸다
그때, 나는 너무 어렸다

지금도
벚꽃 흩날리는 봄날이면
환상통처럼
등이 간지럽다

가끔
하얀 종이 위에 긁적거리는
꽃 같은 그 이름
가슴을 붉게 물들인다

눈 감으면
비익조(比翼鳥) 한 쌍,
흑백으로 인화된 풍경 속을 오르내리는데

엇박자를 놓는

그리움
천칭저울에 올려놓자
좌우로 가볍게 흔들리다가 수평이 된다

생체통장에 남은
시간의 잔액
거북등무늬를 그리며
물병자리에 입을 댄다

* 아무르: 프랑스어로 사랑이라는 뜻

눈물의 무게

눈물 나는 날이 있다

갈매기 높이 나는 것은
눈물을 가늠하려는 외로운 날갯짓
눈물은
바다처럼 무겁고도 깊다

살아온 날의 궤적을 더듬는 사람들은
살아갈 날의 희망을 가늠하지만
눈물샘이 바다에 닿아 있음을
파도는 알려 준다

파도가 거칠어지면
누군가 울고 있다는 것
우는 사람을 위해
뭍으로 뭍으로 다가가
눈물을 닦아주는 갸륵한 오지랖

눈물 없는 삶이 어디 있으랴

눈물 흘리는 것은 살아 있다는 것
파도같이 무너지고 또 무너져도
고단한 갈매기의 날갯짓처럼
높이 나는 꿈을
멈추지 않는

침묵의 숲

가지 부러지는 소리가 났다
수많은 눈이 달린
자작나무 숲
눈 내리는 저녁까지
침묵을 지키고 있다

가지가 부러졌어요
가지가 부러졌어요

가지 하나쯤이야,
아파할 줄 모르는
나무들

상처가 아물지 않는다
또렷해지는 옹이

봄이 와도 얼음이 풀리지 않던
온산이 일렁거린다
숲이 깨어나는 소리다

〈
올라갈 때 못 보았다던
그 꽃
내려갈 때 보았을까.

갑질

우리는 느닷없이
순명의 길을 걷게 될지도 몰라요
바다 속을 유영하다가
홀연히 사라지는
부지불식간의 아픔들

반짝이는 비늘사이로
사지는 경직되고
도마 위에서 아가미를 실룩대고 있는 나
어느 미식가의 한 끼를 위해
칼날을 세우고 있는 저 충실한 셰프

바다는 넓지만
바다를 제압하는 건 저들이예요
미끼를 조심해, 그물을 조심해
수시로 경계를 하지만
우리는 수조 속에 갇혀 사는
한 끼 양식에 불과한 거죠
〈

셰프가 칼을 다 갈았나봐요
마지막 기도를 해야겠어요
언젠가 이런 날이 오게 되면 기도하라고
바다의 신은 얘기했지요
언제나 우리를 지켜주겠다던 그 약속
지금도 유효한가요

고독한 성자

환청이 끓는 왼쪽 귀를 자르고*
싸맨 흰 붕대
핏빛으로 색을 바꾼다
캔버스는 그의 격정을 조롱하듯 장송곡을 내보낸다
여백이 머뭇거린다
바람이 사이프러스 숲의 왼쪽 길을 따라
여백을 푸르게 채워 가는데
밀 내음은 누렇게 익어간다
밀밭 위에 점점이 흩뿌려진
까마귀 발자국
바람의 방향을 따라 편집된다
웃게도 울게도 했던
광증
줄지어 캔버스 속으로 들어가 오른쪽 귀마저 잘라 버리라고 응석부리듯 비음을 섞는다
면도칼이 모른척 지나간다
술에 찌든 캔버스
환청 없는 날을 두려워하는지 꽃피는 아몬드 한그루 들인다

불안이 붓끝에서 스멀거린다
동생의 결혼 소식
캔버스 안을 헤엄쳐 다니다가
이별처럼 가슴을 저민다

* 빈센트 반 고흐의 '귀를 자른 자화상'에서 착안

옆집 여자와 화분 이야기

이사 온 옆집 여자
마주치기만 하면 수줍게 인사하더니

이사 떡을 돌리면서
뜬금없이 꽃 이야기를 한다
화르르 꽃잎 흩날리는
마당의 금잔화를 보며

수줍게 입을 가리던
투명한 손톱 속
감추어지지 않는 공허
꽃 몇 포기로 메울 수 있을까

여자가 화분을 내밀었다
맑은 손톱은 어디가고
꽃 들어앉을 자리에
손가락마다 새로 돋아난 선홍빛 발진

꽃 심은 화분을 돌려주는데
가슴팍을 밀고 들어오는
낯선 떨림
그니까, 괜한 오지랖은

3부

담지 못한 소리들

보이지 않는 마을

보이는 것이 전부가 아니다
조용하지 않다
평화스럽지 않다

소나무가 신경질을 부리자
담쟁이 넝쿨이 쭈뼛한다
목까지 차오르는
아래 것들
소 울음 게워낸다
키 작은 나무들
햇빛을 향해 도듬발로 아우성인데
키 큰 나무들 우쭐거린다

암투가 벌어지는 땅 속
약자는 강자에게 먹히고
숲은 조용할 수가 없다
햇빛 한 줄
바람 한 점
비 한 방울
지금 땅속마을은 전쟁 중

담지 못한 소리들

산 자들은 의심하지 않는다
죽은 자들의 마지막 말을

총성이 울리기 전
정방폭포
열 지어 끌려가던 사람들은
마지막 말을 준비하지 않았다
한 오라기의 진실을 위해서는
입을 열지 말아야 했다
눈물을 흘리지 말아야 했다

눈치 없이 수선화 피던 날
흔들리던 무리 속에서
당신의 주먹밥을 전해주던 어머니
마지막이라 말하지 말아요

파편이 된 소리를 건져내려고
다리를 절며 걷던 그 행색
오늘은 어머니

쪽진 머리로 나오신다

피지 말아야 할 꽃이 없듯
묻혀야 할 진실이란 없다고
어머니 손때 묻은 두루마기를 걸친
아버지가 걸어 나오신다

다시 수선화 피고
그때처럼 동백이 뚝뚝 떨어져도
말 못했다고 후회 말아요
잊혀 질 진실은 없으니까요

딴청 말아요

세상은 기억나지 않는다고 한다

앞니가 부러졌다
학교 앞 초가집 고팡* 벽 사이로 들리는
군화발자국 소리
눈 속에 묻힌다

젖은 홑옷 속으로 들어오는
칼날 같은 냉기보다 더한
두려움과 죄를 알지 못하는 비명
겨우 열한 살이다

동네사람들이 사라졌다
지켜줄 법도
선택할 기회도 없었던 소녀
의지할 곳은 침묵하는 바다뿐

오래된 돌쩌귀처럼 닳아버린 심신
밤이면 온몸을 헤집는

들쥐 같은 기억 제주바다는
허옇게 타버린 속을 뒤집기도 한다

그해 겨울 그 소녀
아직도 그대로인데
세상은 기억나지 않는다고 한다

* 제주도의 재래식 주택에서 식량을 보관하는 창고의 기능을 하는 방

붉은 시간

세상 빛 다 모우면 저리 될까
천상의 색조로 도열하는 협재리 해변

모래 위 발자국은
반나절의 영토일 뿐
누군가 꿈꾸었을 탐욕의 모래성
찬탈의 이름으로 무너져 내릴 때
녹아든 노을을
조근 조근 삼키는 늙은 바다새

닳아져 뭉툭한 주둥이를
모래톱에 갈고
날개에 비벼서 닦는다
주둥이가 얼마나 소중한지
일찍 알았더라면
여한으로 남지 않았을 지난 날

축복으로 마감하는 붉은 시간
언제나 짧다

누구에게는 희망이 되고
누구에게는 위로가 되는 빛은
짧은 교훈을 남기고

하루를 붉게 새긴다
올리브유 듬뿍 올린 황금빛 수평선 위로
주둥이 놀리는 늙은 바다새

작은 나무, 구름 위를 걷다

산 위 나무는 바람을 탈 줄 안다
바람을 이기려면
돛단배처럼 바람의 뜻을
이해하는 것이다

살아있는 나무가 무거운 것은
바람에 날리지 않기 위함인데
어린나무들은 때때로
가벼워지려고 한다

걷고 싶은 작은 나무
몸집을 불리다간
영영 걸을 수 없을 것 같아서
몇 날을 금식하고 있는 중

기회는 바람 부는 날
가벼워진 몸으로
뿌리를 걷어 올리고
산비탈을 내려갈 참인데

〈
바람에 날려
물구나무 서는 나무
걸을 새도 없이 날게 된 작은 나무
하늘 향한 뿌리가 간지럽지만
구름 타고 걷는 맛이란

한라산아 한라산아

한라산아
네 뿌리는 어디까지인가
땅 끝 마을 해남까지
백두대간 어디쯤까지
끄떡없이 버티는 너야말로

한라산아
네 품은 어디 만큼인가
오백장군을 거느리고
365개 오름을 거느리고
가슴 큰 설문대할망 걸어 다니던
이어도까지인가

백두대간은 잘려도
남아있는 너의 뿌리
휴전선은 가로막고 있어도
너의 품은 열려 있다
바닷길이 네 위엄을 거두랴
전쟁의 상흔이 네 의지를 꺾으랴

〈
너의 고초를 안다
사지가 잘려 동강 난 너에게
무거운 짐만 지우는
너의 뿌리가, 너의 품이
어디까지인 줄 모르지만 우리는

섬 것들

섬은 한계를 두려워하지 않는다
더 잘게 부수어져도 할 말이 없다
작은 점 하나에도 만족해야하는
섬 것들은
오갈 데 없어 모여 있다

참새 한 마리
경계 없이 날지만
내려앉는 곳은 도로 섬 안
잘게 부수어진 섬을 모아
집을 짓는다

풀 하나에도
잘게 부순 섬의 이름을 얹는다
꽃을 피워도 그만
꽃이 없어도 그만
섬 하나 품고 있으면 따뜻하다

섬 안의 것들은

뭉툭한 언어를 내뱉으며
고구마줄기처럼 얽혀 산다
섬끼리 묶어놓지 않으면
밀려드는 파도를 감당할 수 없다면서

섬 나무는 나이테가 없다

아픈 기억은 길을 잃는다
섬 안의 것들은
새겨서 말하고 새겨서 듣는다
외로운 휘파람새는
더디 울지만 아픈 기억은 늘
바람 앞으로 미루어놓는다

섬에서 벌어지는 일
구경할 여지가 없어서
밀려가는 구름처럼
허공으로 흘려야 하는 나무들
오래 살아 숨 쉬고 있어도
속은 텅 비어 있는 섬 나무
속을 헤집고 다니는 기억의 조각들
기침으로 뱉어내지만
매번 마른기침이다

바람은 섬을 다스리고
섬은 바람을 거슬리지 않는다

모진 섬에서 할 말 다하고 산다는 건
섬을 인정하지 않겠다는 의미
온전한 기억이란
섬 안에서 존재하지 않는다
뿌리 깊은 나무라 하더라도
섬 앞에서 대놓고
나이테를 만들 엄두를 내지 못하는 것은

횡단보도

꼬부랑할머니 길을 건너신다
6차선 횡단보도를
손주 키우며 끌던 낡은 유모차
이리 요긴하게 사용하게 될 줄이야

월남전 전장에서 남편은
빗발치는 총알도 뚫었다는데
등은 굽고 다리 절지만
25초 안에 사선을 건너야 하는 할머니

세상천지가 적이다
퇴로에 초시계를 달아놓고
쩍 갈라선 홍해를 건너라고
이것들아 내 나이 돼봐라
니들은 속도를 즐기지만
나는 생존을 거는 거여

할머니를 지켜줄 수 있는 무기는
낡은 유모차 한 대

남편은 죽을 때까지
한쪽 양말을 신을 수 없었지
초시계는 멈추고
양쪽에서 으르렁거리기 시작하는데

수덕사 대웅전

어지러운 땅의 생각들을
세로로 풀어
온몸으로 밀어 올리며

바벨의 저주를 경계한다
하늘 향해 조절하는
뿌리의 겸손함

긴 목 내밀고
흔들리며 살다가
죽어서는 속세의 고달픔을 짊어지고

칠백 년을 말없이 증언하는
대웅전 느티나무기둥 앞에서
백 년도 못살 나는

짓눌린 어깨의 무게를
무엇으로 지탱하는가
받쳐주는 겸손의 뿌리를 더듬어보지만

비양도 그 해녀

바다로 간 사내는 돌아오지 않고

저녁이 되면 화장을 한다
젖은 몸을 비로소 말리는 시간
하루해가 기울고

비양도가 탄다
화롯불에 올려놓은 듯
그녀의 얼굴이다
그녀의 가슴이다

빈 배만 남기고
폭풍 속으로 사라진 사내
거무튀튀한 얼굴이
가슴에 박혀 떠나지 않는다

손바닥처럼 두툼했던
사내의 속정
윗세오름 철쭉꽃 터지던 그날처럼
얼굴 파묻고 울고 싶은데

그 여름날 천지연

세속의 쾌락을 외면하고
천 년
묵언 수행을 마친 용
여의주를 물고 용틀임을 하는데

- 용이 승천한다
손가락질을 하는 여자의
앳된 목소리
되울림으로 돌아온다
손가락질, 그것은
예부터 역린을 건드린 것같이 부정을 탄다는
통설 때문이었을까

사방이 깜깜해지고
우르르 쾅쾅 내리치는
우레와 섬광,
용의 급소에 꽂혔을까
축 늘어뜨린 사지
미동도 하지 않는다

〈
구경꾼들
용의 가슴에 바짝 칼을 들이댄다
가슴뼈로 만든 바늘로 옷을 지어 입으면
재앙을 막을 수 있다는 것이다

그러나
여자가 아는 계절은 겨울뿐이었다
이순을 넘긴
지금까지
해가 늦게 뜨고 일찍 지는

그해 봄, 중산간

아내들이 사라졌다
휘파람새 길게 울면 유채꽃 시들해지고
안개 두른 한라산
가는 빗줄기에 고개 드는
고사리 지천이다

간간히 들리는 총성
뻐꾸기 소리 멎더니 휘파람새가 사라졌다
군화발자국으로 짓밟힌 고사리밭

두 갈래로 갈린 중산간 사람들
해안으로 내려가는 사람
산으로 올라가는 사람
운명은 두 길인데
고구마줄기처럼 줄 세워 눈감긴 사람들

해마다 철없는 한라산은
비명도 원통함도 품어
철쭉으로 피워 올리는데

쫓기던 사람들도
쫓던 사람들도
시대의 운명만 탓하고 있으니

섬은 그늘지지 않는다

섬에서 자라는 풀은
바람의 심기를 건드리지 않는다
머리 치켜 거슬러봐야
먼저 다칠 것을 안다

해수에 절은 자갈밭 몇 마지기
보릿고개마다 넘기지 않고 버텼는데
남긴 것 모두 죄 되어
들깨처럼 털리고 있었다

올레길 위로 피어오르던
저녁연기
실하게 솟은 우영밭 유채 꽃대 사이로
아궁이 속 남은 재처럼
꺼져간 영구삼춘

겁에 질린 큰 소 눈망울에
살아온 날을 뒤돌아보며
죽어야 할 이유를 더듬는데

놈의 대동*하지 않은 죄밖에는
도새 기억이 떠오르질 않으니

* 놈의 대동ᄒ다: 혼자 튀는 행동을 해봐야 이로울 것이 없으니 눈치 보며 다수의 의견에 따라가는 제주 사람들의 처신행태를 이른다.

백비(白碑)는 이름을 원한다

4월이면 봉개동 하늘에
붉은 구름 뜬다
동굴에 숨어 감자를 구워 먹던 사람들
무장대에게
토벌대에게
시퍼런 목숨줄 내어주고

더러운 세상 옳게 못 죽어
발 뻗고 눈 감지 못하고
겉도는 적운(赤雲)

비(碑)가 없으니 죽은 것도 아니고
비를 세울 수 없으니 산 것도 아니고
비문 한 줄 옮기는데
기껏 역사에 맡기자고 한다
빗줄기로라도 펑펑 울고 싶은데
봉개동 하늘은 메마르기만 하다

거짓으로 숙성된 진실인지

진실로 숙성된 거짓인지
묻혀 질 역사는 없다는데
정명(正名) 없이 하세월만 가고

처절하게 얼룩졌던 비린 섬 하늘에
비둘기 울음처럼 헤매는 혼백들
차마 이름 짓지 못하는
산 자들의 고통을 헤아리며
올해도 봉개동 하늘은 어두워지리라

유언, 어머니

온 밭을 갉아 먹는 새떼
발가벗겨진 허수아비
동네는 붉어지고 있었다

허물어진 밭담
주인 잃은 소들은 오름 위로 달아나고
숨어 있던 메밀밭에
들이닥친 서북청년단원들

죽창에 피는 꽃
총에도 피었다
숨죽였던 메밀꽃 향기가
코를 어지럽히고

헌저가라 뒤 돌아보지 말앙
다시랑 이곳 생각도 허지말곡
넓은 세상에서 고통 어시 살라
아멩 죽어져도 오지 말라 설운 아덜아
〈

흔들거리는 밭담
자갈밭이 기울었다
꺼져가는 어머니의 소리
천둥처럼 남았는데

터진목* 아이

일출봉이 겁이나
귀를 막았다
하늘은 몇 날을 울어 핏기가 없고
피범벅 엄마 품을 기어 나온
젓아이의 울음소리는 백사장에 묻히고
주검을 덮어줄 아무것도 없다

꽃상여 메어줄 사람조차 없어
점점 커지는
파도의 통곡소리
성산포는 이명을 앓고
모래바람은 혼백을 흩날리는데

혼자 남은 아이
산목숨은 살아야 했다
죽는 것보다 더 힘든
주홍글씨의 운명 앞에
일출봉 주변만 맴도는 해녀가 되고
〈

동네 할머니들이 옮겼다는
어머니의 주검
백사장에서 사흘을 견뎠다는데
씻겨 내려간 어머니의 체취
오늘도 물속에서 만날 수만 있다면

* 제주 4.3 성산읍 지역 양민학살 터. 제주 4·3 성산읍 희생자 위령비가 세워져 있다.

분노의 순서

사격연습의 표적은
북촌마을 사람들
이데올로기의 탈을 쓴
검은 구름
마을을 감아 덮쳤다

적을 쏘아보지 못했다는 군인들은
민간인을 향해
분노를 쏘았다
어디서 나온 분노인가
여기는 전장터가 아니다

영문도 모른 채
운동장에 끌려 나온 사람들
분노의 순서를 기다리는 동안
끼득이는 군인들
우리 군인은 아닐 것이다

1월 23일

북촌마을 집집마다 제삿날
산자는 눈물을 올리고
죽은 자는 눈물조차 없어
제사상을 맴돌고

하늘공원 화장실

남자화장실에 여자가 들어섰다
볼일 보던 남자들
볼일 없는 여자의 침입에
경찰을 불렀다

자신의 성적욕망을
충족하기 위해 간 것이 아니여서
형사책임을
인정하기 어렵다는 경찰

여자가 남자화장실에 들어가면 무죄고
남자가 여자화장실에 들어가면 범죄자냐?
불티 번진 온라인 게시판
누리꾼들로 들끓었다

댓글 읽다말고 흥분하는 내게
아내가 한마디 한다
이번만은 경찰이 잘한 일이네
남자와 여자는 다르지
남자는 불법무기를 소지하고 있잖아

4부

어떤 추억은 꽃으로 핀다

벚꽃, 거리두기

예년보다 일주일이나
일찍 피었네

안색을 보니
열이 높은가 보구나

어쩌나, 이마를 짚고 싶은데
사회적 거리두기를 하라고 하니

봄날, 민오름

바람이 분다
솔방울이 구른다

바람은 장난질해서 좋고
솔방울은 씨를 뿌려서 좋고

마주 웃는다
서로 웃으니 더 좋다

유채꽃 홀로 피지 않고

그대가 돌이었다면
어깃장 놓듯 쌓아올린 밭담
얼기설기 쌓아만 놓아도
소담스런 그림 한 폭이 되는

그대가 나무였다면
울타리를 두루는 꽃댕강나무
폭포수처럼 늘어져 하늘거리는 가지마다
댕댕댕 종소리 울리는 아이들의 재잘거림

그대가 내 사랑이라면
긴 생머리의 꽃집처녀였으리
노란 꽃다발 자전거에 가득 싣고
온 동네를 달리는 꽃 배달부

설익은 봄
홀로 소박하기보다
무리지어 화사함을 고집하는 그대
겸손한 것들끼리 고개 숙여가며
봄을 재촉하는 그리움

봄동

겁이 많았던 게
죄

납작 엎드렸다
벌

혹독한 세월에 두들겨 맞은
멍

꽃보다
일찍 철이 들고

황산벌의 봄

거북이 보폭이다
그 걸음걸이로 동장군이 버티고 있는
벌판 하나를 넘는 일은
생사를 거는 일이다

전초기지 천막 안
뜬금없이 선발대로 나서겠다는
솜털 보송보송한 노루귀
백전노장들이 말렸다

단기필마로 백제 진영에 뛰어든
어린 관창의 기백
가속(家屬)을 베어두고 온 계백은
보낸 자식을 떠올리며 울었다

시린 귀를 어루만지며
봄까치 소리 듣는 날
봇물 터지듯 진격해오는 봄
어느새 황산벌은 무너지고

그때 그대처럼

파르르 떨고 있다
천왕사 대웅전 처마 밑
거미줄에 걸린 빗방울
떠나던 날 그대 눈에 맺힌 이슬처럼

서먹한 시간의 사열대 앞에서
유랑을 멈추고
저문 강에 발을 담그며
젊은 혈기를 흘려보내자던 그대

고단한 내 발자국은
강물에 씻겨 내려갔지만
아직도 남은 그대 발자국은
동백꽃 같은 도톰한 기억 한 잎

구들장에 묻은 메주같이
오래될수록 호젓해져
곰팡이 번지는 신음소리를 낸다
꽃잎 떨리는 아픔인가

〈
스님의 독경소리에
사방은 평온한데
정신줄 놓을까봐 안간힘을 쓰고 있는
거미줄에 걸린 저 빗방울

환절기

등줄기를 두드리던
소나기 행렬을 기억한다
잎새가 사그락거릴 때마다
무릎이 시려 오는 대숲

촉수(觸鬚)는 무디어지고
가벼워지는 몸
지난여름의 풍요는
건조한 피부 속으로 숨어들고

안개가 깔리면
빈 마디마다
오래된 궁리처럼
점령하는 아픔

오지 않을 편지를 기다리며
날짜만 세던 젊은 날
낙엽처럼 흩어지던
순수의 오점들

〈
한곳에 오래 머물지 못한다
빛을 삭이는 해무리같이
철 되면 줄지어가는 새들
정 지우며 간들 욕할 수 있으랴

단풍 아래서

너희도 나이 먹는구나
빨갛게 노랗게
머리가 새는 걸 보면

그래도 너희는 좋겠다
내년이면 다시
푸르러질 수 있으니

단풍처럼 나이 먹는 나
나처럼 단풍드는 너희
보이는 게 다는 아니잖느냐

꽃 지듯
단풍 지듯
인생도 그리 가는데

너희를 부러워 않겠다
보이지 않는 것을 사랑하겠다
너희처럼 나이 들면서

천왕봉에서

내려다보니 그럴듯한가
시끄러운 도시도
누추한 시골도
높은 데 서니 달리 보이는가

올려다보는 것보다
내려다보는 것이 편해서
사람들은 너나없이
높은 자리에 오르려는 것이겠지

높은 산도 낮은 산도
산은 늘 그 자리에 있지만
사람은 언제나 더 높은 자리를 꿈꾸지
내려다보기 위하여

천왕봉 석표만 읽고 가는 사람들아
발아래 세상만 보지 말고
하늘 한번 올려다보시게
산이 높다고 교만한적 있던가
산이 낮다고 투정한 적 있던가

노지소주(露地燒酒)

여름에도 미지근한 소주를 찾는다
차가운 유혹을 물리치고
노지 것을 주문하는 제주사람들의
고집이란

육지와 제주의 만남은 소주잔 온도
차가운 잔
미지근한 잔
오가는 술잔 속에 달아오르는 화색
온도의 경계는 모호해지고

노지에서 자라고
노지로 돌아갈 제주사람들
새 잎 묵은 잎 감싸 안으며 피는
감귤 꽃처럼
상생을 꿈꾸는 섬사람들의
미지근한 질서

찬 거 말고 노지 걸로 줍서

오늘 저녁도 술집마다
투박스러운 주문이 쏟아지고
노지 한 벌판을 넘길 때마다
식탁위에 퍼런 묘비가
하나씩 늘어가는 데

오월, 기억하는

초록이 운동장에
가득하다

효도하라는
교장선생님 말씀은
귓전이고
바라만 봐도 설레던 그 소녀
자꾸만 눈길이 가던

이순(耳順)의 운동장
허리 세운 풀들
흐드러진 초록이 지천이다
그 소녀도 설레임도
거기 묻혀 있었다

어떤 추억은 꽃으로 핀다

눈이 마주쳤다
울타리 너머 핀 장미꽃
동네 아주머니가
한참을 들여다보고 있다

대문 열고 나가 보니
저만큼 걷고 있다
누구를 떠올렸을까
몇 송이 꺾어가도 되는데

그 나이 되면
비인 마음 어딘가에
잊을만하면 피워내는
잠자리 날개처럼 바스락거리는

길가다 만난 설레임
행복했을까
눈만 마주치지 않았어도
좀 더 길게 조우했을 터인데

배롱꽃 이모

마당 한구석에 핀
배롱꽃가지를 꺾어 제사상에 올린다
이모를 기억할 수 있는 것은
흐릿하게 번진 사진 한 장과
상 밑에 놓인 허름한 코고무신 한 짝

이모 나이 스물한 살 늦여름
옆 동네 순경과 연애한다는 소문만으로
밤새 어디론가 끌려갔다
이웃 간 슬픔을 헤아리기에는
눈앞에 놓인 악몽이 더 절박했던 그 시절
누가 주워온 벗겨진 고무신 한 짝

제상(祭床)을 물리고 난 어머니
꽃피우지 못한 원혼
저승길에 한쪽 발이 시려 얼마나 고생했을까
죽어서라도 따뜻해야 할 텐데
미안한 어머니 심경을 아니 읽을 수 없어
〈

걱정 마세요 대신 제가 모실게요
어느새 툭 내뱉어 버린 말
이모가 심은 배롱나무를 바라보는 어머니
눈시울이 점점 붉어지더니
내 제상에 밥 한 그릇만 더 얹어다오

주먹인사

4월 다가도록
오글거리는 손
코로나 때문인지
주먹을 펴지 않는다

고사리 꺾으러 온 할머니
혀를 끌끌 차며
빈손으로 가려는데
작은 주먹 내미는 고사리

기여 내년이랑 악수로 나누게
손주가 가르쳐준
주먹인사를 하며
고사리 밭을 내려가시는 할머니

눈 온 아침

허리 휜 할머니
마당 텃밭에서 뱅뱅 도는데
눌러쓴 빵모자 사이로
흰머리가 삐죽거리고

열여덟에 시집와서
여덟 자식 두고
60년을 농사지었다

구십 줄에 들었어도
일을 못 두는 할머니
막내아들
마당에 일터를 만들어 드렸는데

눈 온 아침
밭에 나가신 구순 할머니
반겨할 추억조차 없을 텐데
호미 쥔 손으로 굽은 등 펴고 계시다

가을 한라산, 북쪽 하늘을 보며

웃음 잃은 여인
백두의 하늘을 쳐다본다
먼발치에서 보는 임
떠나보낼 때도 그랬거니와

기다린다는 것은
해시계가 되어주는 일
세월의 그림자가 빗겨 가는
귀양의 도착점

오천 년을 그랬듯이
기다림은 만남을 예언하는 것
올망졸망 가을볕에 커가는
삼백 육십오 개의 오름들

은발(銀髮) 날리는
산자락 억새꽃숭어리
외로운 자태도 순정하여
눈부시다

〈
못 오는 건 철조망이 아니라
어긋난 시선
갈수록 명료해지는 시력
만나리라 믿는다

아침 마당

춘설이 내려앉은 아침
철모르는 그대처럼
하늘은 뾰르뚱해요
목도리를 두르고 마당에 내려섭니다
샐쭉거리는 수선화
목을 움츠린 텃밭 앉은뱅이 봄동
얼마 전 새들이 떠난 빈 새장
눈꽃이 피었어요
그새를 못 참고
새들은 돌아보지도 않고 떠났어요
날아다니는 것들은 의리가 없지요
다닥다닥 붙어살아야 정이 든다는
오래전 그대 말씀
칼칼하게 목이 잠긴 아침
감기가 깊어질 것 같습니다

기우(杞憂)

하늘이 기울었다
은가루처럼 박혔던
별들은 쏟아져 내리고

어른들은 하늘을 일으켜 세우느라
정신이 없고
쏟아지는 별들은 어디로 갈까
걱정하는 아이들

이슬 맞을라 방에 들어가 자렴
평상에서 올려다보는 아버지 어깨너머로
별 부스러기가 수북하다

겨울 한라산, 철쭉을 기다리며

동면(冬眠)의 혼백을
하얗게 덮는다

앙상하게 삭고 휘어진 뼈
죽 솥에 가라앉은 어머니
울다 지친 오백장군
한라산에 기대어 섰다

기다려야 한다
한 서린 영실기암 철쭉꽃
땅속에 스미었던 붉은 피 솟기까지
이어지는 전설

육신은 육신대로
정신은 정신대로
푸르렀던 기억을 묻어둔 채
세상 온기와 이별한다는 것은 쉬운 일 아니다

꽃으로 만나는 죽은 자들

하얀 천을 걷어 올린다
윗세오름 아래 겉도는 영혼
가없는 영혼을 위해 산자들은
목을 놓아 울어보지만

■□ 해설

서정성과 공동체의식의 조화

박현솔(시인, 문학박사)

　전통적으로 공동체는 가족, 촌락, 지역사회 등을 포함하는 복합개념으로 구체적인 지역단위를 지칭하거나 뜻을 같이하는 사람들의 집단 이데올로기나 공유특성을 의미하기도 한다. 공동체주의는 인간이 타인과 더불어 사는 공동체 생활 속에서 진정한 인간다움이 발현될 수 있다고 보며 인간의 실존을 공동체의 삶 속에서 실현해나갈 필요가 있다고 본다. 즉 공동체주의는 개인의 정체성이 공동체와 긴밀히 연결되어 있다고 보는 것이다.
　근대 서양에서 공동체의 해체와 퇴색은 개인주의가 탄생하는 계기가 되었다. 근대 서양의 개인주의는 역사의 발전과 산업사회, 자본주의의 풍요를 가져다주었다. 그리고 전근대적인 억압과 모순, 가부장적이고 비민주적인 관습을 없애는 데 중요한 역할을 하였다. 오늘날의 개인주의는 이기주의와 신념의 소실 등으로 도덕적 답보상태에 놓여있는데 원인은 가치판단의 근본이던 공동체가 허물어졌기 때문이다.

이번에 출간되는 양창식 시인의 시집 『노지소주』는 개인적인 예술의 대표 장르인 서정시의 서정과 제주도라는 지역공동체에 바탕을 둔 공동체의식이 상호공존하면서 균형과 화합을 이루고 있다. 제주 국제대 총장을 역임한 그가 대학교라는 공동체를 넘어서 지역과 나라로 공동체의 범위를 확대시켜나간 것은 큰 의미가 있다. '자연과의 조화' '사랑의 원천'의 측면에서는 개인적인 서정적 감정을 주로 구현하고 있으며, '섬사람으로서의 소외감' '제주 4·3사건' '공동체의식'의 측면에서는 제주인으로서 혹은 대한민국 국민으로서 느끼는 공동체의식을 심층적으로 짚어가며 자신만의 시적 세계를 구축하고 있다.

1. 자연과의 조화

①

흙과 물 햇볕이 온기를 지켜주어도
지켜봐주는 누구의 기도쯤은 있어야 했던
간절한 손길

씨앗의 변신은 자유스러운 것
하루에도 몇 번씩 눈으로 재고 또 재는 나
생명으로 여기지 않던 작은 씨앗이
이렇게 형용할 수 없는 깨우침을 주다니

무얼 믿는다는 것이 이런 것이구나
무얼 지켜본다는 것이 이런 것이구나

– 「살며 깨닫는 순간」 부분

②
소설처럼 살고 싶은데
단출하게
시처럼 살라고 한다

〈중략〉

텃밭에 나가 열무를 솎다가
나도 모르게 시처럼 살고 있었구나
흙 틈에도
열무 사이에도
숨 쉬고 목축일 시 한 줄 필요하구나

생명 있는 것
생명 없는 것
시의 대상이 아니라 시의 뿌리라서
단출하게
시처럼 살라고 하는데

– 「시처럼」 부분

①에서 텃밭에 상추와 열무 씨를 뿌리고 풍성한 열매를 맺으며 잘 자라기를 바라는 시적 화자의 마음이 드러나고 있다. 그리고 모든 생명은 기본적으로 "흙과 물 햇볕"이 있어도 지켜보는 누군가의 "기도"가 필요하다는 것을 깨닫는다. 그것은 "생명으로 여기지 않던 작은 씨앗"이 성장하는 데 많은 고비가 있기 때문이다. 이것은 인간 세상에서도 마찬가지인데 아이들의 교육에서도 "믿는다는 것" "지켜본다는 것"이 반드시 필요한 이유이다.
　②에서 시적 화자가 지향하는 삶은 "소설처럼" 사는 것이지만 현실에서의 삶은 "시처럼" 단출하게 속절없이 사는 것이다. "텃밭에 나가 열무를 솎"으면서 모든 생명이 "시의 대상이 아니라 시의 뿌리"임을 깨닫는다. 화자는 자연 속에서 사물들과 대상들과 함께 숨쉬며 자유롭게 살고 있으면서도 소설처럼 극적으로 역동적으로 살아가길 바라는 것은 아이러니다. 모든 "생명 있는 것"과 "생명 없는 것"이 "시의 뿌리"임을 안다는 것은 천상 시인이라는 의미이다.

2. 사랑의 원천

①
꽃보다 단풍이 좋아졌다던 어머니
마당 가득한 화분을 두고
봄꽃 따라가셨다

올 단풍은 다음 주가 절정이라는데

〈중략〉

텃밭에서 무릎 다치고
동네 노인회에서 가는 단풍구경
혼자만 못 가게 되었다고
내내 아쉬워하시던 어머니

〈중략〉
내년 봄엔 꽃구경 같이 가요
아니다 이젠 나도 죽을 때가 됐는가
꽃보다 단풍이 더 좋구나

−「난 자리를 보면서」 부분

②
바람 타는 아내
꼬질꼬질한 아내가 펄럭인다
펄럭일 때마다
반짝이는 눈물

태양을 향해
날아오르려는 남자
이카로스의 날개를
꿰매주는 아내

색 바랜 아내가
구름 뒤로 숨는다

-「아내의 빨래」부분

③
남자화장실에 여자가 들어섰다
볼일 보던 남자들
볼일 없는 여자의 침입에
경찰을 불렀다

자신의 성적욕망을
충족하기 위해 간 것이 아니어서
형사책임을
인정하기 어렵다는 경찰

여자가 남자화장실에 들어가면 무죄고
남자가 여자화장실에 들어가면 범죄자냐?
불티 번진 온라인 게시판
누리꾼들로 들끓었다

댓글 읽다말고 흥분하는 내게
아내가 한마디 한다
이번만은 경찰이 잘한 일이네
남자와 여자는 다르지

남자는 불법무기를 소지하고 있잖아

– 「하늘공원 화장실」 전문

　시적 화자의 삶을 풍요롭게 해주고 따뜻하게 감싸주는 사람들은 주로 여성들이다. 특히 어머니와 아내의 사랑과 헌신은 화자의 날갯짓을 응원해주고 세상에서의 상처를 보듬어주는 역할을 한다. ①에서 어머니는 평소 "꽃"을 사랑하는 분답게 "봄꽃"을 "따라가셨다" 그리고 돌아가실 즈음에는 꽃보다 "단풍"을 더 좋아하셨다. "마당 가득한 화분을 두고" 가셔서 자식으로서 마음이 아픈데 "단풍"의 "절정"인 시기가 다가오자 어머니의 빈자리가 크게 느껴진다. ②에서 빨랫줄에 넌 아내의 젖은 옷들을 바라보던 화자는 높이 "날아오르려는" 자신의 뒤에서 "꼬질꼬질"하고 "색 바랜" 모습으로 "눈물"을 흘리던 아내를 떠올린다. 야망을 실현시키는 동안 "이카로스의 날개"에 생긴 상처를 치유해주고 찢어진 곳을 "꿰매주는" 것은 "아내"이다. 비상을 꿈꾸는 화자의 뒤에서 묵묵히 내조해온 아내의 노력의 원천은 그 어떤 것보다도 깊은 사랑에서 연유한다. ③에서도 화자의 아내는 매우 유머러스하게 남편의 불편한 심기를 다독여준다. 수많은 세상일에 속 시끄러울 것은 무엇이며 잘잘못을 따지기보다 넓은 아량으로 이해하면 그만이라는 삶의 지혜가 숨어 있다.

3. 섬사람으로서의 소외감

①
살아서도 죽어서도
섬 남자는 섬을 벗어나지 못하는데

〈중략〉
섬 안의 돌은 남아돌고

하르방을 만든다고
정을 대고 쪼기 시작하는
섬 남자
〈중략〉

물질 끝내고 돌아온 해녀 마누라
돈 안되는 일 한다며
잔소리 쏟아 부었다
돌을 쪼다 말고 남자는
언제까지 이렇게 살아야만 하는지
치미는 부아를 돌에다 쪼아대는데

-「돌하르방 1」부분

②

바람 불면 여자들은
돌멩이를 짊어지고
바다로 뛰어들고
바람이 그칠 때까지 숨을 참으며
남자들을 원망한다
〈중략〉

제 구실 못하는 남자들은
여자들이 물에서 나올 때쯤
세상 잘못 태어났노라고 운다
벌 받는 죄인처럼
벙거지 모자를 쓰고
부엉이 눈이 될 때까지

- 「돌하르방 2」 부분

 제주의 돌은 집의 담을 쌓거나 밭의 담을 쌓고 성담을 쌓는 등의 생활 전선에 활용되고도 족히 남는 하늘의 선물이다. 그런데 옛날에는 그것을 활용한 석공예는 돈벌이가 되지 못한 모양이다. 예전에는 농사를 짓거나 배를 타지 않으면 큰 돈을 벌지 못했고 그 외의 소일로 시간을 보내는 것은 능력이 없는 사람이라고 치부됐다. 그런 남성들의 심정을 대변한 "돌하르방"은 해학적이면서도 존재의 슬픔이 배어있다.

①에서 "섬 남자는 섬을 벗어나지 못하는" 상황에 처해있으면서 소일거리를 해도 "돈 안되는 일 한다며" "잔소리 쏟아"붓는 여자 때문에 울화가 치미는 일이 다반사였다. ②에서도 생활력 면에서 아내에게 밀리고 가장으로서도 인정받지 못한 일부의 남자들은 그 화풀이를 "바다를 노려보"는 것으로 해결할 수밖에 없었다. "여자들이 물에서 나올 때까지" 자신의 능력 없음을 한탄하면서 "죄인처럼" 고개를 떨구는 일이 많았다. 이처럼 섬 남자들의 존재의 비애는 섬사람으로서의 소외감에서 비롯된 것이라고 할 수 있다.

4. 제주 4·3사건

①
산 자들은 의심하지 않는다
죽은 자들의 마지막 말을

총성이 울리기 전
정방폭포
열 지어 끌려가던 사람들은
마지막 말을 준비하지 않았다
한 오라기의 진실을 위해서는
입을 열지 말아야 했다
눈물을 흘리지 말아야 했다

〈중략〉

다시 수선화 피고
그때처럼 동백이 뚝뚝 떨어져도
말 못했다고 후회 말아요
잊혀 질 진실은 없으니까요

- 「담지 못한 소리들」 부분

②

숨어 있던 메밀밭에
들이닥친 서북청년단원들

죽창에 피는 꽃
총에도 피었다
숨죽였던 메밀꽃 향기가
코를 어지럽히고

헌저가라 뒤 돌아보지 말앙
다시랑 이곳 생각도 허지말곡
넓은 세상에서 고통 어시 살라
아맹 죽어져도 오지 말라 설운 아덜아

- 「유언, 어머니」 부분

예로부터 거친 자연환경과 외세의 침략을 많이 받아온 제주도는 한국의 본토와 달리 지역 주민들의 단결이 매우 강한 특성을 보여 왔다. 그래서 특정 정치 집단에 예속되지 않는 독자적인 노선을 보이기도 했는데 이러한 점이 주도세력들의 눈에는 못마땅하게 생각됐을 수도 있다. 가장 비극적인 것은 제주도민들이 서로의 가슴에 총을 들이대고 치유될 수 없는 상처를 남기면서 걷잡을 수 없는 혼란과 고통을 당했다는 것이다.

①에서 "죽은 자들의 마지막 말"은 "진실"과 연관성을 띠면서 궁금증을 자아낸다. 어떤 말을 참으며 제주 사람들이 죽어갔는지, 어떤 진실을 감추려고 총을 가진 자들이 움직였는지 그 중심에 시적 화자의 가족사가 잠잠히 흐르고 있다.

②에서도 4·3사건과 관련된 가족사가 이어지고 있는데 "서북청년단"과 마을 주민들의 대치가 극적 긴장감을 불러일으키고 있다. 특히 "죽창에 피는 꽃"이 "총에도 피었다"에서 비극적인 이미지가 연상된다. 그리고 비극의 현장을 목격한 화자를 염려하며 걱정하는 부모님의 말씀에서 안타까움이 짙게 전해지고 있다.

5. 공동체의식

①

보이지 않는 것들이
보이는 것들보다 더 무섭다는 것을
한 번도 경험해보지 못한
작은 바이러스가 우리를 가두고 내치고
거리두기에 전전긍긍하고 있다는 사실을

〈중략〉

인간에게 가장 무서운 것은
전쟁만이 아니었다는 것을
전쟁터에서는 우방이라도 있었지만
바이러스 앞에서는 우방도 동맹도
문 닫아 건다는 사실

이번에야 알았다
불평불만이 가득한 우리가
번듯한 선진 국민이었다는 것을
무차별적인 공포 앞에서
마음을 모을 줄 아는 참시민이었다는 사실을

-「코로나 팬데믹」 부분

②
여름에도 미지근한 소주를 찾는다
차가운 유혹을 물리치고
노지 것을 주문하는 제주사람들의

고집이란

〈중략〉
오가는 잔속에 달아오르는 화색
온도의 경계는 모호해지고

노지에서 자라고
노지로 돌아갈 제주사람들
새 잎 묵은 잎이 감싸 안으며 피는
감귤 꽃처럼
상생을 꿈꾸는 섬사람들의
미지근한 질서

찬 거 말고 노지 걸로 줍서
오늘 저녁도 술집마다

– 「노지소주」 부분

 개인만을 생각하지 않고 전체의 질서를 따르면서 개성적인 문화를 형성하는 것이 공동체가 지향하는 것이라고 할 때 대한민국 내의 제주도 혹은 세계 속의 한국은 어떠한가를 생각해보게 된다. 자신들의 이익에 매몰되지 않고 자신들이 당한 피해의식에 굴복하지 않고 당당히 공동체의 목소리를 내고 위상을 드러내면서도 함께 어우러질 수 있는 여지를 남겨두는 것이 진정한 공동체의 의미가 아닐까 싶다.

①에서 "코로나" 바이러스로 인해서 어려움에 처한 우리나라 국민들이 인내력을 가지고 질서 있게 바이러스에 대처하는 모습이 국제적으로 화제가 됐었다. 분단국가로서 늘 위험성을 가지고 있으면서 미국과 중국의 간섭을 수시로 받고 있는 우리나라 국민들은 어떤 위기감 앞에서도 무너지지 않고 질서정연한 모습으로 대한민국의 힘을 보여줬다. 그러나 "코로나 팬데믹"에 따른 국제사회의 모습은 매우 무질서하고 자국의 안전을 위해서라면 국경까지도 닫아거는 폐쇄적인 모습을 보였다. 시적 화자는 이를 통해서 우리 국민이 "선진 국민"이고 "참시민"이었다는 사실을 깨닫게 되었다.

② 제주 사람들은 말씨와 표정만 보면 무뚝뚝하고 다소 냉정한 것처럼 보이지만 관광지의 특성상 수없이 오고가는 외지인과 관광객들을 마음으로 깊이 수용하려는 자세를 갖고 있다. 그래서 제주인만이 갖고 있는 특유의 고집과 편견을 내려놓고 중용의 자세를 취하려고 노력한다. 예를 들어 소주를 시킬 때에도 차가운 것 말고 다소 온도가 미지근한 소주를 주문하게 되는데 "찬 거 말고 노지 걸로 줍서"라는 주문은 이제 "상생을 꿈꾸는 섬사람들의" "미지근한 질서"가 되어버렸다.

양창식 시인은 이번 시집에서 개인적인 서정성과 공동체의 존재 의미를 균형 있게 보여줌으로써 자신만의 시세계를 굳건히 보여주고 있다. 사물과 대상에서는 발견의 미학을 드러내고, 인간 존재에 관해서는 유대감과 공동체의식을 드러내고, 지나온 시간에 대해서는 역사의식을 드러내고, 일상적인 현상들에 대해서는 깨달음의 미학을 드러내며, 시와 예술에 대해서는 운명론적 세계관을 드러내고 있다. 제주가 갖고 있는 천혜의 자연과 그 속에서 아픔을 겪으며 살아온 사람들의 얘기들을 솔직담백하게 얘기할 수 있는 연륜에서 더 큰 시적 자양분을 가지고 있음을 알 수 있다. 이카루스의 찢어진 날개를 정성스럽게 꿰매주는 아내가 있으니 시인은 더 높이 날아올라도 무방할 것 같다.